AF586244

Société
INDUSTRIELLE
de Nantes.

Séance Publique de 1833.

Nantes,
Imprimerie de Mellinet.

1834.

CONSEIL D'ADMINISTRATION DE 1834.

MM. Robineau de Bougon, colonel de la garde nationale, *Président.*

Billault, avocat, Brieugne, instituteur,	*Vice-Présidents.*
Brindejonc, avoué, Halgan, trésorier des Invalides,	*Secrétaires.*
Dugué-Brieugne, instituteur, Simon, gérant le journal *le Breton*,	*Secrétaires-Adjoints.*

De Conninck, négociant, *Trésorier.*
C. Verger, négociant, *Archiviste.*
Palois, D.-M., Président de la Société Académique.
Pinard, propriétaire.
H. Toché, négociant.
Ferdinand Favre, maire de Nantes.
Mellinet, imprimeur.
Dumoulin, docteur-médecin.
Urbain Chesnard, juge-de-paix.
Mareschal, docteur-médecin.
Dechaille, négociant.
Moroge, directeur des douanes.
Le Bidois, négociant.
Ch. de Tollenare, ancien élève de l'École Polytechnique.

DISCOURS

PRONONCÉ PAR M. ROBINEAU DE BOUGON,

PRÉSIDENT.

MESSIEURS,

Je n'ai point à vous entretenir du bien que vous projetez, de la possibilité de le réaliser: si je ne vous parlais que de projets, je pourrais trouver des incrédules; mais déjà les faits en disent assez en faveur de l'institution dont la solennité annuelle nous réunit en ce moment.

Le plan de la Société Industrielle, une fois conçu, nous en avons essayé l'exécution; nous l'avons soumis au gouvernement; il l'a compris. — Le premier Ministre voulut nous aider à le réaliser; et le Prince Royal, en se mettant à notre tête, nous fournit les moyens de rendre durable le lien qui doit attacher les classes laborieuses à celles qui vivent dans l'aisance.

Ne croyez pas, Messieurs, que j'élève trop le mérite de vos pensées; votre sagesse. -- Nous en voyons chaque jour les heureux résultats; l'amélioration qu'elle produit; la confiance qu'elle établit.

Eh! quelle entreprise peut être plus grande que la vôtre!

Nos ouvriers savent très-bien que les plus intelligents, les plus habiles d'entre eux, s'ils ne sont accablés par des maladies, des pertes, parviennent plus ou moins vîte à acquérir une certaine aisance; mais ils savent aussi combien de difficultés ils rencontrent pour y arriver, toute la peine qu'ils ont à les surmonter; et vous leur donnez les moyens de parvenir plus vîte, plus sûrement à cette aisance, qui est l'objet de tous leurs vœux.

Vous avez créé pour leurs enfants une école où vous leur faites prendre des habitudes d''ordre et d'économie, le goût du travail. -- Vous les faites instruire de tout ce qu'il faut qu'un ouvrier sache pour acquérir dans son état la supériorité qui doit le mener à la fortune, s'il est sage et rangé;--ainsi, l'enfant du prolétaire et du pauvre ouvrier, dont vous vous chargez, saura lire, écrire, compter, toiser son ouvrage, en calculer la valeur; il acquérera, dans la profession qu'il aura choisie, toute l'adresse dont il est susceptible; il saura tracer tous les assemblages qu'il devra exécuter; donner à son ouvrage des formes gracieuses, et l'embellir des ornements convenables.

C'est à cela que vous bornez l'instruction que vous lui faites donner; -- avec ce degré de savoir, vous êtes sûrs de le voir arriver à l'aisance. -- Des connaissances plus étendues lui seraient inutiles; elles lui feraient perdre un temps précieux et auraient le grave inconvénient de le distraire de sa profession, de lui donner d'autres goûts. -- S'il arrive promptement à la fortune, il profitera de l'instruction secondaire appropriée aux besoins des artisans et de l'industrie manufacturière. -- Et si des dispositions plus qu'ordinaires, ou des talents transcendants se faisaient remarquer chez lui, vous auriez recours à nos colléges. -- Plus savante, l'instruction qu'on y reçoit ne suffit point encore à tous nos besoins; car il faut bien nous garder de penser, Messieurs, que les idées de fortune et d'aisance doivent seules nous occuper, et de croire à l'inutilité des sciences et des beaux-arts. -- Si nous ne soutenions pas le goût qui les enfante et l'exaltation qu'ils font naître, nous retomberions bientôt dans la barbarie. -- Les études les plus élémentaires exigent, de la part de ceux qui les professent, une conviction forte, une certaine chaleur. -- Sans elles, pas d'attention; sans elles, pas de progrès; -- car, Messieurs, les hommes ne se conduisent que par les impressions qu'ils éprouvent, par les sentiments qu'ils trouvent au fond de leurs cœurs, ainsi que l'atteste l'histoire, ainsi que le prouvent toutes les lois, les règles de conduite qu'ils se sont imposées.

Je regrette, Messieurs, que les bornes de ce discours ne me permettent pas de vous faire remonter à l'origine des sociétés; de vous montrer une famille nombreuse se former en tribu, toujours armée pour sa défense, devenir bientôt une nation puissante. -- Je voudrais vous faire voir les Francs se cherchant une patrie, subjuguer la Gaule, la réduire au servage, et le droit de conquête devenir la base de leurs lois; -- je voudrais pouvoir vous décrire l'organisation militaire qui leur fit obtenir la conquête : cette organisation exigeait respect, soumission, obéissance absolue et prompte. -- Je vous dirais ce que l'état de guerre ajoute à ces habitudes d'obéissance ; ce qu'il produit d'enthousiasme et de dévouement pour des chefs auxquels ont doit la victoire; -- je vous peindrais ce qui se passe dans le cœur de l'homme qui, dans un grand péril, venant de renoncer à l'existence, se croyant à son heure suprême, est tout-à-coup sauvé par un secours inespéré qu'il doit à l'active prévoyance de son chef.-- Il passe, dans un instant, de l'état le plus affreux à l'enivrement de la victoire; son chef, son général devient son sauveur, son dieu tutélaire. -- Une telle transition fait éprouver un sentiment d'admiration, de dévouement, de respect si sincère, qu'il ne s'effacera plus. -- Après un tel événement, l'homme court avec empressement, et désormais sans inquiétude, à de nouveaux dangers. -- Il défend envers et contre tous le chef dont la valeur brillante lui obtint la victoire. -- Le sentiment qu'il éprouve dans une telle occurrence est rempli de douceur. -- Celui du chef est plus doux encore. -- Non, Messieurs, la guerre n'est pas seulement une suite de scènes d'horreurs, de carnage et de sang; elle est aussi la source des plus douces jouissances du cœur: c'est dans les camps qu'on voit se former ces amitiés, ces dévouements sans bornes, qu'on est si heureux de sentir et d'inspirer. -- Les scènes terribles qui nous environnent de toutes parts, non-seulement développent nos facultés, mais elles développent aussi les plus nobles sentiments, et leur donnent un haut degré d'énergie. -- La douceur, la bonté, s'y montrent dans tout leur jour. -- Le général, le brave comte d'Erlon est la preuve vivante de toutes ces vérités. Il inspira souvent ces nobles sentiments ; -- il les éprouva lui-même. -- Louis-Philippe n'y fut point étranger ; -- et nos jeunes princes les sentent vivement.

Pardonnez, Messieurs, cette digression ; mais elle était indispensable pour vous rappeler quels sentiments servent nécessairement de base aux institutions qui gouvernent les sociétés à de certaines époques.--La France était encore à l'époque que je viens d'indiquer à la fin du siècle dernier ; l'empire pensa nous y ramener par ses guerres prolongées. --Cependant, le repos, les douceurs de la paix, ayant affaibli l'admiration, le respect, le dévouement pour des chefs militaires, dont les exploits n'étaient plus aussi nécessaires, les preuves de capacité, de prévoyance, de valeur, qui illustrèrent jadis les pères, ne pouvaient plus ranimer des sentiments qui s'éteignaient. -- D'un autre côté, le mépris, l'éloignement pour la nation vaincue, s'effaçaient ; les races se mêlaient, et cette nation, vaincue, dès long-temps affranchie, peu-à-peu associée aux priviléges des vainqueurs, revendiqua enfin des droits égaux (la force, la conquête, l'en avaient seules privée).

Telle est, Messieurs, la série des événements qui amènent inévitablement dans toute société, et qui ont amené chez nous l'état où nous sommes.

Les sentiments de respect et de dévouement sur lesquels étaient fondées les lois qui nous gouvernaient, n'ayant pas été maintenus par ceux qui les inspiraient, sont maintenant détruits ; et c'est au gouvernement et aux chambres à les remplacer par de bonnes, par de sages institutions qui lient ensemble, au moyen d'avantages réciproques, toutes les classes de la société.

La tâche est d'autant plus difficile, que ces mêmes sentiments, qui n'existent plus chez nous, gouvernent encore presque toute l'Europe. --- Ne la rendons pas impossible, cette tâche, par des résistances déplacées. --- N'imitons pas ces marins révoltés qui ne voulaient pas obéir à la voix du pilote. --- Les uns le trouvaient indigne de commander. --- Les autres disaient qu'il donnait des ordres déplacés, et s'amusaient à les discuter au moment du danger, au moment où une lame effroyable, venant des froides régions du Nord, fit sombrer le navire et périr l'équipage. --- Je n'ai pas besoin, Messieurs, de vous prémunir contre cet aveuglement. --- Vous savez, comme citoyens, veiller au bon ordre, au repos, à la tranquillité publique, sans laquelle il n'y a pas de travail possible, pas de prospérité à espérer, et vous avez montré que, dans l'intérêt commun, vous étiez décidés à la maintenir au péril de vos jours. --- Comme hommes vous avez senti le besoin de venir au secours de tout être souffrant; --- et c'est le but de notre institution.

Lorsque la société était gouvernée par ceux qui étaient entourés des respects, il pouvait suffire que cette classe fût instruite et capable ; maintenant, il est devenu indispensablement nécessaire que toutes les masses de la société soient imprégnées des préceptes de la saine morale, de cette morale du christianisme, qui est si pure et si belle, lorsqu'elle n'est pas défigurée par les passions des hommes. Voilà pourquoi, Messieurs, vous employez tous les moyens en votre pouvoir pour élever une génération plus morale et meilleure.

Il faut maintenant, Messieurs, que je vous parle de votre caisse de secours mutuels, que vous dotez chaque année. --- Depuis sept mois, 304 Sociétaires, appartenant à 25 professions différentes, viennent, chaque semaine, y apporter leurs tributs, et participer aux avantages qu'elle assure. --- Vous les avez appelés à partager vos travaux, à administrer des fonds, qui ne peuvent leur manquer, tant que l'ordre public ne sera pas troublé. -- Ils le voient, ils le savent, et ils seraient les premiers à se joindre à nous pour réprimer légalement des désordres dont ils seraient les premières victimes; car, alors, plus d'encouragements, --- plus de secours à attendre du gouvernement, --- ni des particuliers, qui auraient à craindre pour eux-mêmes. --- Tandis qu'avec quelques années de paix et de prospérité, nous pourrons, au moyen de notre fonds de réserve, leur laisser accorder des pensions alimentaires à ceux d'entr'eux qui seraient surpris par de grandes calamités.

Messieurs, quelque favorisé que soit le mouvement social des individus, quelque moyen qu'on puisse fournir à l'ouvrier pour acquérir de l'aisance, quelques droits qu'on accorde aux capacités, la classe qui vit du produit de son travail sera toujours aussi nombreuse.-- Il est donc indispensable que la Société Industrielle, destinée à améliorer le sort, la position physique et morale de cette classe intéressante, et à la lier au reste de la société, acquierre de la consistance et de la stabilité. --- Pour les lui assurer, nous avons réclamé la sanction royale: elle nous est promise. --- Mais il nous faut aussi de nombreux souscripteurs.

Avant de céder la parole à M. le secrétaire, qui va entrer dans tous les détails de notre administration et justifier de l'emploi de vos fonds, puisque je vais récompenser ceux de vos apprentis qui se sont distingués par leur bonne conduite, leur application et leur intelligence, je dois vous dire à qui ils doivent leurs succès, et il m'est impossible de ne pas adresser, en votre nom, des remerciements à MM. Brieugne et Pinard, président et membre de votre deuxième commission. --- Vous en devez également à M. Dechaille, dont les soins assidus font prospérer votre caisse de secours mutuels. Je serais injuste, si je ne vous signalais pas aussi le zèle et les talents de nos professeurs, MM. Dardignac et Margot fils.

COMPTE RENDU

DES TRAVAUX DE LA SOCIÉTÉ INDUSTRIELLE,

PENDANT L'ANNÉE 1833,

PAR M. CH. DE TOLLENARE,

SECRÉTAIRE.

MESSIEURS,

L'existence de la Société Industrielle, vous le savez, date de la fin de 1830. Au milieu du mouvement des intérêts politiques et de la souffrance des intérêts matériels, cédant à la nécessité du moment, elle fit alors exécuter des travaux pour employer les bras inoccupés. *Charité patriotique*, voilà donc ce qui caractérisa ses premières œuvres ; mais sa mission était plus élevée, et quand le calme vint après l'orage, elle prit un nouvel essor pour suivre l'impulsion de ses fondateurs. Ce fut en octobre 1831, qu'elle fut organisée sur de nouvelles bases.

Cette Société, qui avait pris naissance aux jours où la liberté triomphante était proclamée, devait son inspiration aux sentiments élevés que les révolutions développent dans les âmes généreuses : elle promettait, en conséquence, d'être une institution grande dans ses vues, utile dans ses résultats. Vous avez pu juger si, jusqu'ici, ses œuvres l'ont démentie.

Dès l'année 1832, vous l'avez vue maintenir des enfants pauvres dans les écoles primaires ; vous l'avez vue former, dans une école spéciale, une pépinière d'ouvriers qui, par leurs talents et leur moralité, devront se distinguer un jour ; vous l'avez vue encourager le mérite et la bonne conduite dans la classe industrielle par les prix qu'elle décernait à plusieurs corps d'état ; vous l'avez vue ouvrir le sanctuaire de la science et des idées morales, par cette collection de livres choisis qu'elle prêtait aux ouvriers ; vous l'avez vue, enfin, commencer une grande œuvre dans l'établissement d'une caisse de secours mutuels pour les ouvriers de toutes les professions.

Le plan, qu'elle s'était tracé dans son institution d'octobre 1831, est encore le même aujourd'hui. Elle n'a fait que lui donner plus de développements ; et cette continuité, Messieurs, est déjà, nous osons le dire, une garantie de sa bonté ; car tout ce qui approche du bon comme du beau et du vrai persiste et s'étend ensuite, ou bien réussit à prévaloir pour s'étendre plus tard. La loi incontestable du progrès n'est qu'une conséquence de cette loi générale.

Mais il est temps, Messieurs, que les résultats obtenus cette année par la Société Industrielle vous soient présentés. Il vous conviendra sans doute auparavant de connaître ceux qui ont mis les mains à l'œuvre, œuvre qui appartient, nous le reconnaissons, à tous ceux qui y contribuent soit de leur bourse, soit de leurs efforts personnels.

Le Conseil d'administration a aujourd'hui pour membres: M. de Robineau, président; MM. Doré-Graslin et Billault, vice-présidents; votre rapporteur, secrétaire; M. Brindejonc, secrétaire-adjoint; M. de Coninck, trésorier; M. C. Verger, archiviste; MM. Dechaille, Brieugne, Simon, Halgan, T. Lorieux, Palois, Mellinet, F. Favre, Pinard, Mareschal, H. Toché, Urbain Chenard et Dumoulin.

A son entrée en fonctions, le Conseil s'est partagé en six commissions auxquelles ont été adjoints plusieurs membres souscripteurs.

La première, composée de MM. Mareschal, Urbain Chenard, de Coninck, Babin-Chevay et Marion de Procé, s'occupe de maintenir des enfants pauvres dans les écoles primaires afin d'empêcher qu'il n'en sortent trop peu instruits. Elle choisit ceux qui appartiennent aux familles les plus infortunées et qui se distiguent par d'heureuses dispositions. A tous, on donne le pain; à plusieurs, des vêtements; à d'autres, des livres et les objets nécessaires à leur instruction; ils sont aujourd'hui au nombre de 48. --

La deuxième commission, dont font partie MM. Brieugne, Pinard, Margot père, Appel, Bertrand-Fourmand,

T. Lorieux, et votre rapporteur, est chargée de la direction des jeunes apprentis. Ces jeunes gens sont exercés chaque jour, dans une leçon de deux heures, à l'étude des mathématiques, de l'écriture, et du dessin linéaire. M. Dardignac, ancien élève de l'école des arts et métiers d'Angers, est leur professeur; M. Margot fils, de la même école, lui est adjoint. MM. Maynard et Chauquier, élèves de l'institution de M. Brieugne, quoique encore sur les bancs, paient déjà leur dette à la Société en venant donner tous les jours une leçon d'écriture, en l'absence de MM. Gaulier, que leurs nombreuses occupations empêchent de remplir la tâche qu'ils s'étaient généreusement imposée. Les membres de la commission se partagent la surveillance : chaque semaine l'un d'eux se tient à l'école pendant toute la durée de la leçon.

On distribue à 82 enfants, 9 livres de pain par semaine et une gratification mensuelle de 3 francs dont ils versent la moitié à la caisse d'épargnes; 2 enfants ne reçoivent que la gratification; enfin, 8 autres sont admis à l'école pour leur instruction sans aucune autre assistance. Tous les objets nécessaires à l'enseignement sont au compte de la Société.

En sortant chaque matin de l'école, les enfants se rendent chez les chefs d'ateliers qui les ont en apprentissage : ainsi, la pratique succède à la théorie, comme dans les écoles d'arts et métiers d'Angers et de Châlons. Ici, notre but est de faire de bons ouvriers, notre mode nous paraît le plus avantageux; et, avec les améliorations que nous espérons introduire en 1834, cette institution est appelée à prendre de grands développements. Nous pouvons citer à son avantage les visites faites par M. Pinard chez tous les chefs d'ateliers auxquels sont confiés nos enfants. Notre honorable collègue, en s'imposant cette tâche, y a trouvé, pour son cœur généreux, une récompense à son zèle. Partout, il n'a recueilli que des rapports favorables sur nos jeunes apprentis dont plusieurs, par leur habileté, se sont déjà rendus plus utiles que des ouvriers d'une longue expérience. (1)

Ce qui nous manque encore, ce sont des modèles : jusqu'ici la plupart nous ont été obligeamment prêtés par les chefs d'ateliers de cette ville ; nous avons le projet d'en former une collection, tant pour nos jeunes enfants que pour l'instruction des autres ouvriers. La Société Académique a eu aussi cette idée de fonder un établissement à l'instar du Conservatoire des arts et métiers à Paris. Ce projet peut aisément se réunir au nôtre.

Nous ne devons pas omettre que M. Margot fils vient de doter l'école d'une série de dessins très bien exécutés, et relatifs aux ouvrages de plusieurs professions. La continuation de ce travail serait d'une utilité capitale. Le zèle de M. Margot nous fait espérer qu'il le poursuivra, et qu'il trouvera des imitateurs.

---

(1) Plusieurs dons en nature ont été faits en faveur des jeunes apprentis les plus pauvres. Les dames de la Société dite du Vendredi, ont demandé qu'on leur désignât deux élèves orphelins, auxquels elles ont donné des habillements complets. Il faut joindre à ce secours, six autres habillements complets, 39 pantalons, 37 blouses, 15 gilets et divers autres vêtements ; tous dus à la générosité de plusieurs particuliers.

La troisième commission, composée de MM. Palois, Guépin, Douillard jeune, Marion de Procé, de Tollenare père, a la direction de la bibliothèque, qui est encore peu nombreuse, mais à laquelle supplée M. de Tollenare père, qui en est le dépositaire, et qui prête ceux de ses propres livres qui lui sont demandés.

La quatrième commission est celle du comité de secours mutuels pour les ouvriers de tous les états. Le rapport de M. Dechaille sur la situation, au premier décembre, des finances et du personnel de cette association, a fait connaître les résultats obtenus et ceux que l'on doit attendre.

Le comité est, vous le savez, composé d'associés bienfaiteurs et d'associés appelés à profiter des bienfaits de l'institution. Nous en comptons aujourd'hui 67 de la première catégorie, et 237 de la seconde.

Tous paient 5 sous par semaine, ou 13 francs par an. Au moyen de ce léger sacrifice, et de la dotation annuelle que fait la Société Industrielle, un ouvrier associé tombe-t-il malade ? il est soigné gratuitement et reçoit un franc par jour de maladie. Le docteur Marcé est médecin du comité, c'est lui qui constate qu'un ouvrier peut ou non travailler.

Toutes les affaires sont dirigées par une administration centrale composée de 3 membres du Conseil d'administration de la Société Industrielle, ce sont MM. Dechaille, Simon, C. Verger, et de 2 membres bienfaiteurs, ce sont MM. Mariotte et Van-Neunen. Quand quinze ouvriers au moins, d'une même profession, s'associent au Comité, ils forment entr'eux une administration spéciale;

ils élisent un président, un secrétaire, deux inspecteurs, et on leur adjoint un délégué choisi parmi les associés bienfaiteurs. -- Le président et le délégué deviennent alors de droit membres de l'administration centrale.

Les brossiers ont aujourd'hui M. Brelet pour président, M. F. Gicquel pour délégué.

Les raffineurs ont M. Fortin pour président, M. Braheix aîné pour délégué.

Les chapeliers ont M. Lecompte pour président, et M. Fourniller pour délégué.

Les scieurs de long ont M. Herbel pour président, et M. Henri pour délégué.

Cette association, Messieurs, est encore dans l'enfance, elle n'a que sept mois d'existence, mais son développement est assuré par les bienfaits qu'elle répand déjà. Lisez ses statuts, que nous avons publiés, et vous comprendrez, mieux que par nos trop courtes explications, tout ce qu'ils embrassent. Deux faits seulement vont vous signaler l'importance de l'institution : un ouvrier est tombé malade peu de jours après son entrée dans le comité ; il lui a déjà été compté 203 fr., pour 203 jours de maladie, sans comprendre le prix des remèdes qui lui ont été administrés. Un autre ouvrier a reçu, de son côté, 56 fr. Dans quelle position auraient été les familles de ces malheureux ouvriers, s'ils n'avaient pas été associés du Comité ?

La cinquième Commission, dite des finances, est composée de MM. Simon, F. Favre, H. Toché, F. Verger, et de Coninck, trésorier. Elle donne ses soins à tout ce qui concerne la comptabilité. C'est elle qui doit préparer le budget et apurer les comptes à la fin de chaque année. A cette occasion, Messieurs, vous est due l'explication du motif qui nous fait recouvrer, dès la fin de 1833, les souscriptions pour 1834. Il est devenu nécessaire d'établir, chaque année, un budget de dépenses, et comme ces dépenses varient suivant les recettes, le montant des souscriptions devient très-important à connaître. -- Les ressources déjà assurées pour 1834 sont : une allocation de 1000 fr. du Gouvernement, une semblable allocation du Conseil-Général, une pareille somme votée par le Conseil municipal, la souscription de S. A. R. le duc d'Orléans, le reliquat de 1833; enfin le produit des rentes acquises déjà par la Société. Vous n'avez pas oublié que ces rentes proviennent du capital annuel de réserve placé à intérêts, et destiné à prévenir l'éventualité des souscriptions ultérieures.

Indépendamment des souscriptions de 1833, plusieurs dons et allocations nous ont été faits. Le Gouvernement a aidé la Société de 6000 fr.; le Conseil municipal a donné 400 fr.; M. le procureur du Roi, à la suite de son procès contre le gérant du *Rénovateur*, nous a fait une part de 400 fr. sur l'amende qu'il a partagée entre les divers établissements philantropiques de notre ville; M. H. Toché, au nom d'une personne anonyme, a versé 400 fr., qui doivent être capitalisés pour que les intérêts en soient employés à l'éducation des enfants orphelins; M. F. Verger a fait une vente de diverses collections d'objets curieux au profit de la Société; enfin, MM. les membres du Cercle des Beaux-Arts ont donné un concert dont une partie du produit nous a été assignée.

Puissent de pareils exemples être suivis, et soutenir la prospérité de notre institution!

La sixième Commission établie était chargée de proposer le programme des Prix à décerner, cette année, aux ouvriers, et le mode d'élections pour le choix des lauréats. Cette Commission a pensé que la Société Industrielle devait s'abstenir, cette année, d'une dépense dont le résultat est moins certain que celui qu'ont obtenu les autres institutions. Sur ses conclusions adoptées, il ne sera décerné des Prix, à la fin de cette séance, qu'aux jeunes apprentis les plus méritants.

Vous voyez, Messieurs, que le Conseil d'administration s'est efforcé de remplir le mandat que vous lui avez confié, il n'a pas cru devoir s'en tenir aux articles du programme qui lui présentait la marche qu'il avait à suivre; il a fait un pas de plus, dont M. Billault vous a déjà entretenus à la séance publique du 29 juillet dernier.

La Société n'existait que par une simple autorisation du Préfet, ses réglements organiques n'étaient pas suffisamment formulés et à peine connus des souscripteurs, ils laissaient quelques nuages dans les esprits. Il était donc devenu urgent d'exposer le but que se proposait la Société Industrielle, de reviser les réglements et de faire la demande d'une existence légale. Tel est le travail dont a été chargée une Commission spéciale, composée de MM. Mellinet, F. Verger, et Billault, rapporteur.

Vous avez déjà connaissance du réglement et du prospectus qu'elle a proposés : adoptés par le Conseil d'administration, ils ont été publiés après les dernières Fêtes de Juillet.

L'obtention d'une ordonnance royale, constituant légalement la Société, a offert quelques difficultés. Nous avions pensé d'abord à nous constituer en Société anonyme, et un projet d'acte social a été, en conséquence, envoyé au Gouvernement. Mais de graves objections nous ont été opposées, et le conseil de présenter la Société Industrielle comme Établissement d'utilité publique nous a été donné. M. Billault, alors à Paris, a été muni d'un mandat du Conseil d'administration; il a plaidé la cause de notre Société, il l'a présentée dans son véritable jour ; il a fait sentir l'importance de son action, et a obtenu la promesse du Ministre du Commerce et des Travaux Publics, d'appuyer notre demande d'une ordonnance royale constituant la Société Industrielle en Établissement d'utilité publique. Cette ordonnance nous permettra de posséder légalement, et rendra nos transactions plus faciles.

Telle est, Messieurs, l'énumération des travaux de la Société Industrielle, et ici pourrait se terminer le rapport qui vous en est présenté. Mais le simple récit des faits n'explique pas suffisamment l'intention qui les a fait accomplir. Un fait est la manifestation d'une idée, et le développement des idées qui ont pour résultat des faits, est la méthode la plus sûre de bien faire comprendre ces derniers. -- Nous devons donc examiner quelle est l'idée principale à laquelle se rattache l'œuvre de la Société Industrielle, et, pour cela, rappeler les diverses interprétations qu'on lui donne dans le public.

Quelques-uns disent que c'est simplement une œuvre dictée, comme bien d'autres, par le sentiment de charité. Mais, avant 1830, on était tout aussi charitable qu'aujourd'hui, cependant aucune institution complète de ce genre n'avait été fondée ; bien plus, nombre des personnes des plus charitables refusent encore à présent de délier pour nous les cordons de leur bourse. Elles ont leur motif, c'est que notre Société n'est pas seulement un Établissement de charité.

D'autres veulent y voir l'œuvre de l'esprit de parti. Cet esprit de parti serait, suivant les uns, ce qu'on appelle vulgairement l'immobile *juste milieu ;* suivant les autres, cet élan par fois trop rapide qui caractérise le parti du *mouvement.* Eh ! Messieurs, quelles que soient nos opinions personnelles, nos œuvres sont-elles hostiles aux partisans du *statu quo,* le sont-elles aux zélés du *mouvement,* le sont-elles même à ceux des *adorateurs du passé* qui, tout imbus d'un principe qui n'est pas le nôtre, comprennent cependant que tout citoyen doit contribuer à la prospérité de son pays ? A des attaques si vagues, il n'y a pas de réponse, si ce n'est qu'avec des passions politiques, on ne peut arriver au bien.

Mais qu'on vienne nous dire qu'en répandant l'instruction dans le peuple, nous donnonts des alimens à l'émeute ; qu'en songeant au rétablissement des conseils de prud'hommes, nous faisons une atteinte à la liberté ; nous n'hésiterons pas à répondre, à dire ouvertement notre opinion.

A la première accusation, celle de favoriser, à notre insçu le désordre, nous répondrons :

La puissance intellectuelle a désormais triomphé de la puissance physique comme celle-ci a triomphé de la puissance du privilége. Cette dernière, fille de la brutalité de quelques-uns, a été renversée par la brutalité des masses, elle avait produit l'esclavage, elle devait être anéantie. Mais la puissance physique peut-elle seule amener à la persuasion ? Non, sans doute, voilà pourquoi la puissance intellectuelle a dû prévaloir ; et, comme elle-même peut enfanter le mal comme le bien, elle doit faire alliance avec la puissance morale. Telle est notre doctrine : former une trinité inséparable *de la puissance morale*, qui a son siége dans l'amour du bien pour le bien lui-même ; de *la puissance intellectuelle* qui réside dans l'entendement, et de *la puissance physique* qui se manifeste par les actes et qui résume les deux autres. Avec des hommes bons, intelligents et actifs, l'émeute est-elle à craindre ?

Quant à la question du rétablissement des conseils de prud'hommes, qui fait partie des critiques que nous avons recueillies dans le but de nous éclairer, nous pourrions l'écarter, puisqu'elle n'a jamais été discutée dans le sein du Conseil d'administration ; mais cette institution nous paraît si loin d'être anti-libérale, que, pour la justifier du reproche qu'on a produit, nous allons essayer d'en faire un examen, qui sera court, pour ne pas nous éloigner de notre sujet véritable.

L'origine des conseils de prud'hommes remonte à l'époque de l'affranchissement des communes, c'est-à-dire aux premières attaques de la liberté contre le despotisme féodal. Ces conseils étaient de véritables tribunaux « chargés de régler les contestations des marchands » comme on le voit dans un édit de Louis XI de 1464. On trouve même, dans une délibération du conseil de la ville de Paris, de l'an 1296, l'établissement « de préposés à la garde des gens d'une même profession ou d'un même métier. » Nombre de lois ont depuis institué des conseils de prud'hommes dans plusieurs villes manufacturières de France, et ces conseils, loin d'être tyranniques, sont au contraire protecteurs de la classe ouvrière, c'est ce qui résulte des articles suivants que nous extrayons de la loi du 22 germinal an XI.

Article 6. Toute coalition, entre ceux qui font travailler des ouvriers, tendant à forcer injustement et abusivement l'abaissement des salaires et suivie d'une tentative ou d'un commencement d'exécution, sera punie d'une amende de 100 fr. au moins, de 3000 fr. au plus; et, s'il y a lieu, d'un emprisonnement qui ne pourra excéder un mois.

Article 10. Le maître ne pourra retenir l'apprenti au-delà de son temps, ni lui refuser un congé d'acquit, quand il aura rempli ses engagements.

. . . .

Il est inutile, Messieurs, de poursuivre; il est trop manifeste que l'établissement des conseils de prud'hommes n'est pas plus une atteinte à la liberté que la loi qui défend de voler son voisin. Il ne faut pas profaner la liberté par nos égarements; quand elle est dans le bien, nous la révérons, quand elle est dans le mal, nous l'appelons licence, et nous la combattons. La liberté ne doit point avoir pour résultat la lutte anarchique des intérêts individuels, mais bien l'harmonie de tous les intérêts, de tous sans exception, dans toute la série des existences sociales.

Devons-nous enfin parler des personnes d'humeur chagrine qui disent aussi que notre œuvre est l'œuvre de la peur; que, pour la sécurité du riche, on a voulu former, entre le pauvre et lui, un bouclier contre l'émeute, une digue contre l'envahissement de la propriété..... Si tel était le mobile de nos efforts, ils seraient bientôt impuissants; et rattacher notre système à l'idée de la peur, c'est abaisser une institution dont la source est dans des sentiments plus nobles qui repoussent l'égoïsme.

Rappelons-nous notre origine, rappelons-nous le but et la cause de la révolution de 1830, et nous comprendrons qu'à l'idée de progrès se rattache l'œuvre de la Société Industrielle; que tous les travaux qui vous ont été exposés, tendent au progrès du bien-être physique, intellectuel et moral; que notre institution ne pouvait se manifester qu'avec les idées progressives qui ont préparé les bienfaits promis par notre révolution, et qu'elle ne peut se maintenir qu'avec les mêmes sentiments.

Nous pouvons maintenant examiner le développement des actes de la Société Industrielle sous l'influence de l'idée du progrès.

La Société maintient des enfants dans les écoles primaires. Par cela, elle rend, croyance populaire, la nécessité pour le succès de l'ouvrier, de posséder parfaitement les premières connaissances enseignées dans les écoles élémentaires. Son action est ici plutôt morale, en ce sens, que si elle ne fait participer à ses bienfaits qu'un petit nombre d'enfants; elle éclaire les parents d'un plus grand nombre, en leur faisant comprendre qu'un peu de temps enlevé au travail manuel pour l'instruction de l'enfance est une conquête de temps sur son avenir.

L'apprentissage, marchant avec des études d'un ordre

plus élevé que celui des études élémentaires, présente des sources fécondes pour le progrès de la science et de l'industrie. Il n'est personne qui ne sente toute la destinée de cette institution, et qui ne place les plus grandes espérances dans le secours qu'apporte la science au génie, quand elle le rencontre.

Trop long-temps l'ouvrier a méconnu les travaux du savant, trop long-temps ces travaux sont presque sans fruits pour la société; l'alliance est devenue nécessaire du travailleur et du savant. Il faut une classe nombreuse d'hommes qui soient tout à la fois l'un et l'autre, qui mettent en harmonie les spéculations abstraites de l'esprit avec les applications de l'industrie, et qui servent de point de ralliement entre deux extrêmes qui, dans leur isolement, ne peuvent arriver à l'unité à laquelle toute la machine sociale doit aboutir.

Il ne suffit pas, Messieurs, de devenir plus habiles, il faut encore devenir meilleurs. Le progrès moral est une source de bien d'autres progrès : car si tous les hommes étaient bons, il n'y aurait pas de désordres à craindre. C'est dans ce but que nous avons ouvert une bibliothèque à la classe ouvrière : elle contient des livres pour instruire et orner l'esprit, elle en contient aussi pour nourrir le cœur et faire aimer la vertu. — Ainsi notre Société a fondé trois institutions qui tendent au progrès intellectuel et moral, et qui peuvent aussi conduire au progrès du bien-être physique. Mais, convenons-en, Messieurs, la solution complète de ce progrès est peut-être encore éloignée. Nous ne venons pas ici, imprudents novateurs, vous proposer une réforme dans l'organisation sociale. Une vaste intelligence seule peut-elle y parvenir sans les rayons réchauffants d'un ardent amour du bien ?... Apparaîtra-t-il un jour un Messie, un Rédempteur des sociétés non moins divin que le Rédempteur de l'homme ?... Ces questions qui embrassent des intérêts si graves et si palpitants, ne sont pas du ressort de la Société Industrielle qui, toute vouée à la pratique, laisse à d'autres la rêveuse utopie. Nous sentons tous le malaise, mais nous n'avons point encore à y appliquer de spécifique infaillible et universel : réduits à vivre dans cet état de maladie, notre mission est de rechercher tout ce qui peut adoucir l'irritation de la plaie qui couvre l'humanité. La charité, considérée comme aumône, nous paraît un faible émollient : elle est bonne, mais elle est insuffisante, et nous croyons, en fondant la caisse de secours mutuels, avoir préparé un moyen plus efficace de calmer les maux qui pèsent sur la classe malheureuse. On peut appeler cela un progrès du bien-être physique, mais il est faible encore. Heureux, Messieurs, si nous pouvons un jour aller au delà! fonder des caisses d'invalides pour les ouvriers, tenter d'harmoniser des associations partielles dans la grande association générale, toujours réunir, jamais séparer, et ne diviser que pour rapporter sans cesse tout à l'unité, indispensable à l'équilibre social.

DISTRIBUTION DES PRIX,

le 22 décembre 1833,

A L'ÉCOLE SPÉCIALE

Fondée par la Société Industrielle,

POUR L'INSTRUCTION DES APPRENTIS INDIGENTS.

DESSIN LINÉAIRE.

1.re DIVISION.

1.er *Prix.* Dupland (Pierre), apprenti tourneur.
2.e *idem.* Thuillier (Alexis), apprenti mouleur.
1.er *Accessit.* Poirier (Louis), apprenti serrurier.
2.e *idem.* Grinsard (Jules), apprenti imprimeur.

2.e DIVISION.

1.er *Prix.* Lamisse (Jean), apprenti menuisier.
2.e *idem.* Orieux (Louis), apprenti mécanicien.
1.er *Accessit.* Aunet (Alexandre), apprenti serrurier.
2.e *idem.* Lucas (François), ouvrier menuisier.

ÉCRITURE.

1.re DIVISION.

1.er *Prix.* Poirier (Louis), apprenti serrurier, déjà nommé.
2.e *idem.* Thébaud (Emmanuel), apprenti menuisier.
1.er *Accessit.* Douillard (Louis), apprenti menuisier.
2.e *idem.* Malary (Louis), apprenti mécanicien.

2.e DIVISION.

1.er *Prix.* Aunet (Alexandre), apprenti serrurier, déjà nommé.
2.e *idem.* Trébuchet (Louis), apprenti serrurier.
1.er *Accessit.* Edes (François), apprenti menuisier.
2.e *idem.* Dubois (Baptiste), apprenti menuisier.

3.e DIVISION.

1.er *Prix.* Loiseau (Jules), apprenti mécanicien.
2.e *idem.* Boga (François), apprenti serrurier.
1.er *Accessit.* Raffegeau (Hubert), apprenti imprimeur.
2.e *idem.* Durassier (Prudent), apprenti plâtrier.

Nota. -- Les apprentis Trébuchet (Louis), Douillard (Louis), et Bras (Pierre) ayant été couronnés à la séance solennelle de 1832, n'ont point été admis à concourir pour les prix de 1833, en ce qui concerne le dessin linéaire.

EXTRAIT

DU RÉGLEMENT ORGANIQUE

DE LA SOCIÉTÉ INDUSTRIELLE.

Est sociétaire toute personne qui, prenant une ou plusieurs actions, s'oblige par ce fait à une rétribution annuelle de 15 fr. par chaque action dont elle est titulaire.

Le conseil d'administration est électif, et se renouvelle par tiers tous les ans, chaque membre restant en fonctions trois années.

Les élections annuelles ont lieu dans le mois de décembre. A cet effet, les actionnaires sont convoqués, par la voie des journaux, huitaine au moins à l'avance.

Tous les membres du conseil d'administration, y compris le président, sont indéfiniment rééligibles.

En cas de démission, ou décès, dans le courant de l'année, d'un ou de plusieurs membres du Conseil d'administration, le Conseil nomme provisoirement à la vacance.

Le remplacement définitif s'opère aux élections annuelles; mais le nouvel élu n'est nommé que pour ce qui reste à courir des trois années de gestion de celui auquel il succède.

Nul ne peut entrer en fonctions comme membre du Conseil d'administration, s'il n'est actionnaire.

Le conseil se réunit en séance ordinaire le dernier mercredi de chaque mois.

Il peut être convoqué, en outre, à l'extraordinaire, par le Président.

Le Conseil institue les Commissions qu'il juge nécessaires pour l'administration de la Société, et en nomme les membres à la majorité relative des suffrages.

Les membres des Commissions peuvent être, pour les deux tiers, choisis parmi tous les sociétaires; l'autre tiers, y compris le Président de chaque commission, doit être pris dans le Conseil d'Administration.

Chaque commission peut s'adjoindre, à son choix, un nombre de membres égal à la moitié de ceux nommés par le Conseil d'administration.

Indépendamment des Commissions temporaires ou autres, qu'il appartient au Conseil de créer suivant les besoins, il existe :

1.° Une Commission des finances, chargée plus spécialement de surveiller la gestion financière de la Société et de s'occuper des moyens d'augmenter ses ressources ;

2.° Une Commission préposée à la propagation de l'enseignement primaire chez les enfants d'ouvriers.

3.° Une commission préposée à leur enseignement secondaire et à leur apprentissage de l'état qu'ils auront choisi.

4.° Une commission chargée de la direction de la caisse de secours mutuels, instituée en faveur des ouvriers adultes.

5.° Une commission administrant la bibliothèque, et en prêtant les volumes aux ouvriers de tous les âges et de toutes les professions, suivant leurs besoins intellectuels et moraux.

Chaque année, l'avant-dernier dimanche de décembre, il y aura une réunion générale publique et solennelle de tous les Sociétaires. Les autorités y seront invitées.

Par l'organe du Président et du Secrétaire, il y sera rendu compte des travaux et dépenses de l'année qui finit, des projets et des ressources pécuniaires de l'année suivante.

Dans la huitaine qui suivra cette séance solennelle une réunion générale, mais non publique, de tous les Sociétaires procédera aux élections de l'année.

Toutes autres réunions générales ne pourront avoir lieu que par ordre du conseil d'administration.

Les convocations seront toujours faites par la voie des journaux, et huitaine à l'avance.

SOCIÉTÉ INDUSTRIELLE DE NANTES.

SÉANCE PUBLIQUE DU 26 DÉCEMBRE 1830.

M. Le Sant, *vice-président*, en déclarant la Séance ouverte, s'exprime ainsi :

Messieurs,

« Instruire et soulager les ouvriers, tel est l'objet des Sociétés Industrielles. Telle est aussi la tâche que vous vous êtes imposée.

Sans l'instruction les arts restent stationnaires, et les hommes qui n'ont pas abandonné leurs pratiques routinières ne tardent pas à être dépassés par ceux qui ont adopté des méthodes plus expéditives et moins coûteuses.

Le défaut d'instruction chez les ouvriers est donc pour eux une première cause de misère. Aviser aux moyens de leur procurer les connaissances qui leur manquent, leur inspirer le goût d'une sage économie, c'est leur rendre un service important; c'est en quelque sorte atteindre d'un seul trait le double but qu'on s'est proposé.

Mais, si dans les temps de prospérité les ouvriers se suffisent à eux-mêmes, et si alors ils sont aptes à recevoir l'instruction qui leur est offerte avec désintéressement, il n'en est pas ainsi dans les temps de calamités : vivre et faire vivre leurs familles, voilà leur premier, leur plus pressant besoin !... Alors les Sociétés Industrielles sont contraintes de renoncer à la partie instructive de leur institution, elles ne peuvent que coopérer à procurer un soulagement temporaire à des ouvriers, que poursuit l'affreuse misère ; en un mot, elles ne sont plus *que des Sociétés de secours*. Telle a été malheureusement la situation dans laquelle s'est formée la Société de Nantes.

Conçue sous le premier point de vue par l'estimable collègue que nous nous plaisons tous à regarder comme son fondateur (1). Notre société n'a pu se constituer, pour cette première année du moins, que sous le second rapport.

Vous avez tous senti, Messieurs, que, sans écarter pour un avenir plus heureux le projet de créer des moyens d'instruction pour les classes inférieures, il fallait se borner, pour le moment, à organiser des chantiers de travail, où seraient reçus le plus grand nombre possible d'ouvriers de tous les états.

Ce premier point arrêté, votre conseil d'administration devait apporter tous ses soins à augmenter la liste des Souscripteurs, et à chercher les moyens les plus prompts et les plus convenables d'occuper les malheureux.

Ici, Messieurs, nous avons le chagrin de vous dire que notre liste ne s'est pas accrue selon nos espérances. Deux causes sont venues contribuer à produire ce fâcheux résultat. La première, c'est que le but de votre institution n'a pas été compris ou apprécié comme il aurait dû l'être par un grand nombre d'habitants de cette ville.

La seconde, c'est que l'administration municipale a ouvert, à la même époque, une souscription, dans le même but que la vôtre : celui de procurer du travail et du pain aux hommes qui en sont privés par l'effet de cette crise commerciale dont nous étions menacés depuis long-temps, et que les événements de juillet ont accélérée et rendue plus grave encore.

Cependant, Messieurs, nous devons tous reconnaître que l'intention de notre respectable Maire n'a pas été d'*élever autel contre autel*: qu'il n'a vu qu'un moyen de plus de faire le bien, et qu'il l'a adopté avec l'empressement qu'il met toujours, lorsqu'il s'agit de pratiquer un acte de bienfaisance.

Vous verrez, Messieurs, par le compte que M. le Secrétaire va vous communiquer, que la Mairie est entrée pour moitié dans toutes les dépenses relatives aux travaux entrepris par la Société Industrielle, et qu'ainsi le nombre des ouvriers au secours desquels on est venu, est double de celui que vous auriez pu soulager seuls, si vous aviez été abandonnés à vos propres forces.

L'exposé de M. le Secrétaire vous fera connaître que nos faibles ressources n'ont pas permis d'entreprendre des travaux assez considérables pour procurer de l'occupation à tous les hommes sans ouvrage, et qu'en se bornant, comme

(1) M. CAMILLE MELLINET, Imprimeur.

nous l'avons fait jusqu'à ce jour, nous ne pourrons tout au plus tenir les ateliers ouverts que jusqu'à la fin de janvier.

Cependant, Messieurs, arrivé à ce terme, il restera encore deux grands mois de crise à passer, pendant lesquels il est de notre devoir de faire tous nos efforts pour continuer à occuper les hommes les plus nécessiteux; car nous ne devons pas nous dissimuler que la reprise des travaux qui a lieu ordinairement dans le cours du mois de février, pourra, cette année, éprouver quelque retard, indépendamment de ce que ces travaux seront probablement moins considérables qu'ils ne le sont habituellement à cette époque.

Parmi les moyens que nous nous proposons d'adopter, le plus efficace sera de faire demander de nouvelles souscriptions à domicile; mais déjà, Messieurs, une pareille tentative a été faite, dès le début de notre existence comme société, et elle n'a produit qu'un faible secours, parce que la plupart des personnes qui avaient été priées de se charger de ce soin n'ont pu le faire, soit que leurs occupations y aient mis obstacle, soit qu'elles n'eussent pas reçu d'instructions suffisantes pour exposer les motifs de leurs démarches. Nous nous proposons donc de désigner de nouveaux commissaires, et nous les supplions d'avance, de ne point décliner une mission pénible sans doute, mais dont l'utilité, l'urgence même ne saurait être contestée.

Que chacun de nous se pénètre bien de cette vérité, que la tranquillité publique est une des plus puissantes causes du bonheur individuel, et que cette tranquillité est compromise chaque fois qu'une partie de la population est sans moyen d'existence!

A notre dernière séance générale, beaucoup de personnes parurent craindre que l'on ne s'occupât de fabrication, et que l'on ne vînt par là élever une concurrence dangereuse pour quelques industriels de notre ville; elles appuyèrent leur opinion de raisons péremptoires. Depuis, votre comité central a entendu, dans une de ses séances, un rapport clair et judicieux de M. Talvande sur le même sujet, et la majorité des ses membres est restée pleinement convaincue que les terrassements, la réparation des chemins vicinaux et quelques autres travaux du même genre pour lesquels la plus forte dépense se fait en main-d'œuvre, et dont les résultats sont d'utilité publique, méritent seuls d'attirer votre attention, vu surtout la modicité des fonds dont vous pouvez disposer.

Le rapport, dont vous allez entendre la lecture, vous fera connaître le montant de notre souscription; les travaux qui ont été commencés, ceux qui n'ont pu être entrepris, et enfin ceux qui pourront l'être par suite, si l'état de votre caisse le permet.

Votre bureau me charge de vous faire connaître, Messieurs, combien il a eu à se louer de la coopération active et éclairée des membres de votre comité central et de ceux de vos collègues qui ont bien voulu accepter de faire partie des commissions chargées d'étudier les projets, et de surveiller l'exécution de ceux qu'il a été possible d'accueillir. Tous ces Messieurs ont prouvé qu'en versant le produit de leur souscription à la caisse de la Société ils ne se croyaient pas quittes envers elle et envers les malheureux qu'elle soulage; qu'on peut encore leur rendre de plus grands services, en les assistant de ses conseils et en leur faisant le sacrifice d'une partie de son temps. »

M. Geoffroy, secrétaire, a lu ensuite le rapport des travaux de la Société. Il résulte de ce rapport que le montant des souscriptions est actuellement de 10,454 fr.

Les travaux entrepris consistent en ce moment dans la réparation :

1.° De la rue Noire, qui unit la route de Rennes à la route de Vannes ;

2.° Du chemin qui conduit de l'octroi de Barbin à la rue route de Rennes ;

3.° Du chemin de Miséricorde.

Elle travaille à rendre praticable la côte Saint-Sebastien et le chemin de Bonne-Garde.

Elle a voté une somme de 200 fr. pour la réparation de la chaussée de l'Hôpital, une autre de 50 fr. pour réunir les eaux de la fontaine de la route de Rennes.

La Société compte aujourd'hui dans ses ateliers environ 200 ouvriers. Le coût des travaux ci-dessus est estimé, suivant des devis approximatifs, ainsi qu'il suit : 9,600 fr., dont 7,200 seront employés en main-d'œuvre,
1,900 en charois,
500 en ustensiles.

Sur cette somme, 3,600 fr. sont fournis par la Mairie, et 800 par les propriétaires riverains. Il restera donc 5,000 francs à la Société, somme bien insuffisante pour passer la mauvaise saison.

A NANTES, IMPRIMERIE DE MELLINET.

www.ingramcontent.com/pod-product-compliance
Lightning Source LLC
LaVergne TN
LVHW012023160826
845678LV00002B/996

* 9 7 8 2 3 2 9 6 4 6 2 1 3 *